CW01624522

La Vision dionysiaque du monde

DU MÊME AUTEUR
AUX ÉDITIONS ALLIA

Fragments posthumes sur l'éternel retour
Correspondance avec Malwida von Meysenbug
Le Cas Wagner
Première Considération inactuelle

FRIEDRICH NIETZSCHE

La Vision dionysiaque du monde

Traduit de l'allemand et présenté par

LIONEL DUVOY

IDEM • VELLE

AC • IDEM • NOLLE

ÉDITIONS ALLIA

16, RUE CHARLEMAGNE, PARIS IVe

2017

TITRE ORIGINAL

Die dionysische Weltanschauung

Le présent texte a paru pour la première fois en 1928 dans le *Troisième annuaire de la société des Amis des Archives Nietzsche* à Leipzig.

© Éditions Allia, Paris, 2004, 2017, pour la traduction française.

INTRODUCTION

IL aura fallu attendre l'année 1928 pour que le lecteur allemand puisse découvrir *La Vision dionysiaque du monde*, parue dans le *Troisième annuaire de la société des Amis des Archives Nietzsche*, à Leipzig. Rédigé durant le mois de juillet 1870, le texte aurait dû constituer plus tard le premier chapitre d'un livre que Nietzsche voulait intituler *Origine et but de la tragédie*. Cette année 1870 fut décisive pour la conversion intellectuelle de Nietzsche. Elle marque le début des grands conflits européens. La guerre franco-prussienne provoqua en effet sur Nietzsche le second grand bouleversement de ses jeunes années – le premier ayant été la mort de son père, le 27 juillet 1849, suivie par celle de son frère, six mois plus tard, à la fin du mois de janvier 1850 [1].

1. Vingt ans exactement séparent l'année de la guerre et le deuil. La perte de son père et de son jeune frère obligea très tôt Nietzsche à assumer des responsabilités difficilement compatibles, qui l'amenèrent dès le début à porter plusieurs masques. Passer du statut de fils et de frère aîné à celui d'homme de la famille, et qui plus est orphelin de père, devait forger sa personnalité hystérique et paranoïaque selon les médecins, mais surtout contribuer

L'idée qu'il puisse y avoir un jour une guerre, opposant la France à la Prusse, avait traversé l'esprit de Nietzsche alors qu'il avait à peine dix ans. *Le Voyage vers l'oracle* (*Die Reise zum Orakel*), jeu de dés divinatoire qu'il invente en 1854, témoigne de ce point de vue le plus significativement des préoccupations politiques de son enfance. On peut y voir aussi, bien entendu, une mise à distance du

à développer son génie. Le plus remarquable, c'est que ces responsabilités aient été cristallisées dans un sentiment de faute, d'une part à cause du rapprochement des deux décès dans le temps, et d'autre part, à cause du songe prémonitoire que Nietzsche fit la veille de la mort de son frère : "Quand un arbre est privé de sa couronne, il se dénude et se dessèche, les oiseaux quittent ses branches. Notre famille était privée de sa tête, et une profonde tristesse s'empara de nous. À peine nos blessures commençaient-elles à se fermer qu'elles furent de nouveau ouvertes dans la douleur. À cette époque, je fis un jour ce rêve : j'entendis l'orgue retentir dans l'église comme pour un enterrement. Une tombe s'ouvrit subitement, mon père sortit enveloppé d'un suaire. D'un pas pressé, il se rendit à l'église et en ressortit aussitôt, avec, dans les bras, un petit enfant. De nouveau, le couvercle de la tombe se souleva, le temps pour lui d'y descendre, puis retomba. Quand l'orgue se tut, je me réveillai. Le jour suivant, le petit Joseph se trouva mal, il eut des spasmes convulsifs et mourut après quelques heures. Notre peine fut immense. Tout ce que j'avais rêvé s'était réalisé. Et le petit corps fut déposé dans les bras de son père." [*Mein Leben*, I, 1844-1858, (1864)].

mystère de ce rêve prémonitoire qu'il fit en 1850 et qui lui avait annoncé la mort précoce de son jeune frère.

Des jeux de cette sorte, Nietzsche en inventa dix-sept – réunis dans un cahier aujourd'hui conservé aux Archives de Weimar. Le héros qui fut à l'origine de ce voyage à travers l'énigme de sa prémonition est *Le Roi Eichorn* (*König Eichorn*, 1854), souverain imaginaire d'un royaume qui se déployait dans sa chambre d'enfant, devenue pour l'occasion camp retranché, où soldats de plomb et de porcelaine côtoyaient les feuilles de papier couvertes de plans stratégiques, de blasons, de scènes de la vie princière, de poèmes et de pièces musicales. La sœur de Nietzsche – dont les amitiés crapuleuses ne nous autorisent à citer que quelques témoignages sur l'enfance de son frère – rapporte que l'année 1854 fut tout entière accaparée par le jeu du *Roi Eichorn Ier* : "Toutes les créations de mon frère, écrit-elle, étaient faites à la gloire du Roi Eichorn, toutes ses productions musicales le célébraient ; pour son anniversaire, il y eut une grande cérémonie : des poèmes furent récités, on joua des pièces de théâtre, toutes choses créées par mon frère. Le roi Eichorn étant amateur d'art, il fallait qu'il possédât une galerie de peintures – Fritz les peignit : des Madones, des paysages, etc., etc. [1]"

Aussi comprend-on, à la lumière des premières années de son existence, pourquoi la guerre, déclarée par la France le 15 juillet 1870, fit sur Nietzsche l'effet d'un "terrible coup de tonnerre" (cf. la lettre à Erwin Rhode du 15 juillet) et qu'il ait été, par patriotisme sans doute, "affligé du courage d'être devenu suisse" (le 16 juillet), c'est-à-dire neutre. Il va de soi que ses prises de position à l'égard de "l'abominable tigre français" n'allaient pas dans le sens de son futur rejet de l'esprit allemand, et que la guerre fut d'abord un frein à sa critique de la culture germano-prussienne. Et alors que son statut de jeune professeur lui promettait un avenir brillant et paisible, nourri de rencontres et d'amitiés prestigieuses (Wagner, Cosima Von Bülow, et en général tous ceux qui gravitaient autour du cercle de Bayreuth), au sein de salons où l'authentique *Gemüth* allemande se mêlait parfaitement aux grands projets artis-

1. Élisabeth Förster, *F. Nietzsche*, cité in *Nietzsche, Chronik in Bildern und Texten*, Hanser / DTV, Münich-Vienne, 2000, p. 26.

tiques et intellectuels de l'époque, Nietzsche décida de s'engager et de partir pour le front, délaissant les prérogatives de sa fonction – avec l'accord du doyen de Bâle [1] – pour risquer sa vie en tant qu'infirmier militaire [2].

La Vision dionysiaque du monde (*Die dionysische Weltanschauung*) date donc d'une période pour le moins agitée. Nietzsche l'écrivit en réaction à cette guerre, une fois de plus, dans le but de créer sans doute une distance entre lui et l'événement. Or, cette fois,

1. Wilhelm Vischer-Bilfinger (1808-1874). Le lundi 8 août, du Maderanerthal, où Nietzsche passait quelques jours en compagnie de Franz Overbeck et de sa future femme Ida, il adressa à Vischer-Bilfinger une lettre lui demandant l'autorisation de manquer la dernière partie du semestre d'été, afin de se rendre "utile comme soldat ou infirmier". Le doyen répondit favorablement le 11 août.

2. Après dix jours de formation par les secouristes d'Erlangen, Nietzsche partait le 23 août pour Nördlingen, et du 25 août au 7 septembre, servit sur le front (Wissemburg, Sulz, Görsdorf, Hagenau, Nancy, Pont-à-Mousson, Ars-sur-Moselle, Karlsruhe). Le 7, il retournait à Erlangen, atteint d'une dysenterie aggravée (De Erlangen, hôtel Wallfisch, KSB, 3, n° 98 – cité in *Nietzsche, Chronik in Bilder und Texten, op. cit.* pp. 229-230) : "Je suis alité, atteint d'une dysenterie maligne ; mais les pires symptômes ont cessé, et je pourrai même repartir à Naumburg mardi ou mercredi, et continuer à m'y soigner." Il devait finalement y rester sept jours de plus. Le 14 septembre, il rentrait à Bâle.

ce fut par le biais de la philologie et d'un concept, dérivé de la mythologie, qui devait résumer entièrement la situation de l'Europe : le *dionysiaque*. La notion était adéquate, puisqu'elle permettait de critiquer les effets destructeurs de la guerre sur la culture tout en faisant l'éloge du courage allemand en lui attribuant avec un soupçon hégélianisme la valeur d'une volonté universelle agissant pour l'histoire.

Le *dionysiaque* mettait ainsi en relief le paradoxe du *Kulturkampf* [1], lutte politique pour la civilisation. Cette vocation à utiliser le *démoniaque* (élément proprement dionysiaque de la guerre) en vue d'instaurer son antinomie traditionnelle, l'*apollinien* [2] (élément de la *Kultur* [3]), n'était pas sans soulever bon nombre de ques-

1. Le *Kulturkampf* commence véritablement en 1872, en réponse au concile Vatican I, du 18 juillet 1870, qui décréta le pape infaillible.

2. Cf. A. Kremer-Marietti, “La démesure chez Nietzsche” (in *Revue Internationale de philosophie pénale et de criminologie de l'acte*, n° 5-6, 1994, pp. 69-84) : Plutarque est le premier, dans l'histoire de la philosophie occidentale, à opposer Dionysos et Apollon. Michelet reprendra cette opposition dans *La Bible de l'humanité*, et Hölderlin, dans *La Loi de la liberté*.

3. f.3[33], hiver 1869-1870-printemps 1870, repris et modifié dans *La Vision dionysiaque du monde* (§ 2) :

tions, notamment celle de savoir si la morale a sa place dans l'action politique. On voit, à la lumière du fragment 3[33] de l'hiver 1869, dans quel état d'esprit Nietzsche commença à rédiger *La Vision dionysiaque du monde*. Son intention première était bien de justifier la guerre, le "déchargement de colère" des peuples qui augurait le début d'une grande *catharsis* européenne ; mais à l'inverse de

"Quelle était l'intention de cette volonté qui cependant est définitivement une ? La pensée tragique, la délivrance face à la vérité par la beauté, la sujétion absolue aux Olympiens à partir de la plus terrible connaissance, tout cela fut à ce moment porté dans le monde. Par là, la volonté regagna une possibilité d'être : la volonté consciente de la vie, dans l'individu, indirectement dans la pensée tragique, naturellement, mais, de façon directe, à travers l'art. Voilà pourquoi apparaît un nouvel art, la tragédie. La poésie lyrique jusqu'à Dionysos, et la voie menant à la musique apollinienne. Ensorcellement : la souffrance retentit musicalement (*tönt*), par opposition à l'action de l'épopée : 'l'image' de la culture apollinienne est exposée à travers l'ensorcellement de l'homme. Il n'existe plus d'images, que des métamorphoses. Toute démesure doit laisser libre cours à sa résonance musicale. L'homme doit frémir devant la vérité : il faut atteindre à une sanctification de l'homme : s'apaiser par un déchargement de colère, aspiration à l'apparence par le biais d'effroyables mystifications. Le monde des dieux olympiens se change en ordre éthique du monde. L'homme misérable se jette à ses pieds."

cette analyse, Nietzsche allait remarquer cependant qu'une telle *catharsis* ne passait plus désormais, comme chez les Grecs, par les *représentations* et les *images* du théâtre, par les gestes, les mimiques et les sons, mais par une guerre réelle, qui allait opérer la *métamorphose* des hommes en bêtes fauves – des étudiants en soldats, des professeurs en infirmiers, et des bourgeois en entrepreneurs d'usines d'armement. La guerre imposait ainsi une redéfinition totale de l'ancien ordre européen en ordre *éthique*, où primerait désormais la quête du bonheur, de l'utilité et du repos absolus sous la houlette menaçante des puissances étatiques. Cette idée, Nietzsche allait la concevoir quatre mois seulement après avoir commencé la rédaction de *La Vision dionysiaque du monde*, en tant que symptôme majeur du *nihilisme* : "Cet été, j'ai écrit un essai, 'sur la vision dionysiaque du monde', qui considère l'antiquité grecque d'un point de vue par lequel, grâce en soit rendue à nos philosophes, nous pouvons désormais l'aborder. [...] Je nourris les plus grandes inquiétudes quant à l'état présent de la culture. Si seulement nous n'avions pas à payer trop cher les monstrueuses conséquences nationales d'une seule région, où je puis du moins me considérer à l'abri de tout dommage. Entre nous soit dit : je tiens la Prusse actuelle pour une puissance des plus dangereuses pour la culture. [...] C'est parfois difficile, mais nous devons être suffisamment philosophes pour rester raisonnables au milieu de l'ivresse générale. [...] Pour la prochaine période de la culture, on a besoin de lutteurs : pour eux, nous avons le devoir de nous maintenir en vie." (Dimanche 6 novembre 1870 [1]). "L'abominable tigre français" devait laisser place à l'inquiétude de Nietzsche concernant la Prusse et les conséquences des actions de celle-ci sur l'Europe. Le siècle de barbarie dont il prédirait plus tard la venue (en 1885) serait le XXe : le mal viendrait d'Allemagne [2].

Le but de Nietzsche au moment où il rédigeait *La Vision dionysiaque du monde* n'était donc pas tant de justifier l'offensive prussienne, ou de fortifier le patriotisme, que de comprendre la guerre sous l'angle du drame

1. KSB, 3, n° 107.
2. Voir ff.34[97], 34[99], 34[105], 34[111], 34[160] d'avril-juin 1885. f.25[18], décembre 1888-début janvier 1889 : "Mieux, le Reich lui-même est un mensonge, aucun chancelier, aucun Bismarck n'a jamais cru à l'Allemagne..."

tragique grec. Et par conséquent il avait déjà de l'Allemagne une idée bien arrêtée, que même l'agression française ne pouvait nuancer. La grille de lecture dramatique de Nietzsche apparaît alors inédite dans cette époque, qui se plaisait surtout à expliquer l'Histoire de manière rationaliste et spiritualiste. Lire l'Histoire en prenant appui sur les poètes tragiques (Eschyle et Sophocle en particulier), sur la philosophie de Schopenhauer (résolument tournée vers l'Orient) et sur la révolution artistique de Wagner, signifiait, pour un esprit prussien formé à la pensée hégélienne : dévoyer la philologie et compromettre la philosophie avec des fables [1]. Autrement dit, renverser l'ancien ordre de pensée européen en le rappelant à ses origines politiques. Pour cette raison d'ailleurs, *La Vision dionysiaque du monde* devait d'emblée séduire Richard Wagner. Nietzsche en fit cadeau à Cosima Von Bülow (la fille de Liszt, mariée à Richard Wagner le 25 août 1870), pour son anniversaire, le 25 décembre de la

1. À plusieurs reprises dans sa correspondance et dans ses derniers livres, Nietzsche s'est plaint de ne pas être entendu par les Allemands, qui lui reprochaient "ses excentricités".

même année, sous un autre titre : *La Naissance de la pensée tragique* (*Die Geburt der tragische Gedanken*) [1]. Ce changement de titre n'était pas anodin : il anticipait sur *La Naissance de la tragédie à partir de l'esprit de la musique* (*Die Geburt der Tragödie aus dem Geiste der Musik*, 1872) ; et quoique *La Naissance de la pensée tragique* ne dût d'abord servir que de premier chapitre à une œuvre qui se serait intitulée : *Tragédie et Grécité* [2] (que Nietzsche eût tout

1. Le lundi 7 novembre 1870, Nietzsche écrit à Richard Wagner, qui vient de lui faire cadeau d'une édition privée de son *Beethoven* : "Ô combien votre philosophie de la musique devait tomber à point nommé pour moi – et quand je dis cela, vraiment : pour apprendre à connaître la philosophie de la musique, je pourrais notamment vous signaler un essai que j'ai écrit pour moi l'été dernier, intitulé *La Vision dionysiaque du monde*. En fait, à travers cette étude, je suis parvenu à comprendre pleinement, et avec la plus profonde délectation, la nécessité de votre raisonnement, une telle distinction dans la tournure des idées, tout y étant si surprenant et si émerveillant, et notamment le développement sur Beethoven qui est un fait singulier."

2. f.5[120], septembre 1870-janvier 1871 : "La tragédie et la Grécité / Sainteté. / Préface. / Introduction. / 1. La naissance de la pensée tragique. Préliminaires de la tragédie. / 2. Les moyens de la volonté hellénique pour parvenir à la tragédie. / 3. L'œuvre d'art tragique. / 4. La mort de la tragédie. / 5. Éducation et science. / 6. Homère. / 7. Métaphysique de l'art." f.5[1] : "Réflexions

aussi bien pu traduire par le couple : *guerre et germanité* [1]), c'est bel et bien sur la notion de *naissance* que Nietzsche voulait mettre l'accent.

"*Naissance*" (*Geburt*) et "*vision*" – ou mieux, "*intuition*" – du monde (*Weltanschauung*) – sont deux termes qui visent le mystère de l'origine. L'énergie *dionysiaque* réalise leur union dans la *pensée tragique* (*tragische Gedanken*) des Grecs : miroir du mythe et narration théogonique de la naissance du monde [2]. D'une part, Nietzsche replace la

pour 'la tragédie et les esprits libres' / Et ne devrais-je pas moi, puissance dévorée par le plus grand désir / Tirer de la vie la plus extraordinaire figure ?" Faust. (*Faust*, 2ᵉ partie, "Au pied du Péneios"). f.5[22] "La tragédie et les esprits libres. / Considérations / sur / la signification éthico-politique / du drame musical." Notons que la lettre du 21 mai 1870 adressée à Richard Wagner commence par : *Pater Seraphice*, expression tirée elle aussi du second *Faust* de Goethe (acte 5). Le *Pater Seraphicus* de Goethe est le maître des cieux intermédiaires, mi-ange, mi-démon.

1. f.5[23], *ibid.* : "Le triomphe des 'Lumières' et leurs plus grands poètes. L'Allemagne considérée comme chemin du retour vers la Grèce : nous sommes parvenus à l'ère des guerres médiques."

2. Il est intéressant de remarquer à quel point le mythe de Dionysos a pu influencer tous les courants de pensée antiques – de la mystique orphique à l'épicurisme tardif des Latins, en passant par la conception érotique de la connaissance chez Platon et la quête plotinienne de l'Un. Cela, en vertu du fait que sa puissance de figuration et

naissance de la pensée tragique à l'époque des guerres helléniques, qui visaient à unifier la Grande Grèce – époque que les poètes, ne pouvant en parler qu'à travers les mythes populaires, assimilèrent aux temps héroïques des luttes entre tribus (Homère) ; d'autre part, la vision dionysiaque – l'intuition d'un monde voilé par les apparences, et que seuls les narcotiques, l'émotion musicale et les pulsions printanières peuvent révéler – plongerait ses racines dans l'*illud tempus*, un âge où les dieux et les hommes vivaient en étroite communauté. Par ailleurs, lorsque Nietzsche évoque l'entrée du culte de Dionysos en Grèce, il en parle comme d'un "déferlement" de puissances chaotiques, comme d'une "tempête", d'un "orage" – tout un vocabulaire que l'on retrouve dans les lettres du mois de juillet 1870 : par un effet de miroir, la guerre devint le modèle de sa thèse sur la naissance du phénomène dionysiaque, et la philosophie grecque présocratique – parti-

de symbolisation collait parfaitement à l'imaginaire cosmogonique des anciens, tant en ce qui concerne les physiciens présocratiques (on pense bien sûr à Pythagore, Anaximandre, Héraclite et Parménide), que les philosophes de l'âge attique.

culièrement celle d'Héraclite – son point d'ancrage métaphysique.

Ce lien causal entre guerre et pensée tragique ne devait cependant pas valoir comme paradigme définitif. Nietzsche poserait plus tard sa grande thèse : la naissance de la tragédie *à partir de l'esprit de la musique*. Quelle que soit la nature de cet esprit, toujours est-il qu'il émane du dionysiaque, car la musique est cet élément invisible qui, se révélant, dérobe son essence à chaque instant ; en cela aussi, la musique est métaphore, mieux, manifestation esthétique du devenir, bien plus fidèle à la nature du temps que ne sut l'être l'image du fleuve d'Héraclite. La musique exigeait des Grecs qu'ils soient quelque peu initiés au Mystère de la "lacération asiatique", qu'ils perçoivent, à travers le son, le symbole parfait du terrible et de la démesure, et inversement il fallait que le mélomane ait su s'immortaliser au contact de la musique, pour être digne du dieu *o lysios*. Digne, ou encore, prêt à reconnaître que lui aussi participe, à part entière, de *la danse bachique* (Hegel) et qu'il est un membre de la haute harmonie universelle. *La Vision dionysiaque du monde* le suggère, y invite ; et elle est en tout cas l'une des plus belles introductions de Nietzsche à son interprétation du monde comme musique.

L. D.,
Tours, 16 janvier 2004.

I

LES GRECS, qui expriment et taisent à la fois dans leurs dieux l'enseignement ésotérique de leur vision du monde, ont institué comme double source de leur art deux divinités, Apollon et Dionysos. Ces noms représentent des styles contraires dans la sphère de l'art, et quoique s'avançant côte à côte en un conflit presque sans fin, ils semblent s'être unis une seule fois, au moment où le "vouloir" grec était à son apogée, dans l'œuvre d'art qu'est la tragédie attique. C'est en effet grâce à deux états que l'homme conquiert la sensation du délice d'exister, le *rêve* et l'*ivresse*. La belle apparence du monde des rêves, au sein duquel tout homme est pleinement artiste, est la mère de tout art plastique [1] et, nous le verrons, d'une partie considérable de la poésie. Nous jouissons de la *forme réelle* (*Gestalt* *) dans une compréhension immédiate, toutes les formes nous parlent ; il n'est rien dont la valeur soit insignifiante, rien qui ne soit nécessaire. Cependant, lorsque cette réalité du rêve est

1. Les notes du traducteur commencent en p. 71.
* Tous les termes suivis d'un astérisque sont traités dans le *glossaire critique*, p. 67.

vécue à son plus haut degré, nous avons encore l'impression profonde et limpide [2] de son *apparence* ; dès que ce sentiment disparaît, les effets pathologiques commencent dans lesquels le rêve ne rafraîchit plus, où cesse la puissance salutaire naturelle des états qu'il engendre. Pourtant, dans le cadre de ces limites, par cette compréhension totale, ce ne sont pas uniquement les images agréables et avenantes que nous rencontrons en nous : on perçoit avec le même plaisir le sérieux, le triste, le trouble, le ténébreux, mais là encore, il faut que le voile de l'apparence, dans son mouvement flottant, ne puisse recouvrir intégralement les formes fondamentales du réel. Donc, tandis que le rêve est le jeu de l'homme en tant qu'individu avec la réalité, l'art du plasticien (au sens large) est *jeu avec le rêve*. La statue, en tant que bloc de marbre, est quelque chose de très réel, mais la réalité de la statue, *en tant que forme réelle du rêve*, c'est la personne vivante du dieu. Aussi longtemps que la statue plane devant les yeux de l'artiste comme une figure de l'imaginaire, c'est encore avec la réalité qu'il joue : lorsqu'il transpose cette image dans le marbre, il joue avec le rêve.

À présent, dans quel sens *Apollon* a-t-il pu devenir dieu de l'*art* ? Uniquement dans la mesure où il est dieu des représentations oniriques. Il reste de part en part "L'Apparaissant" : par sa racine la plus profonde, dieu du soleil et de la lumière, qui se manifeste dans la clarté lumineuse. Son élément est la "Beauté" ; la jeunesse éternelle, son attribut. Mais son empire s'étend aussi à la belle apparence du monde onirique : la vérité supérieure, la perfection de ces états, par opposition à la réalité du jour, intelligible de façon lacunaire, le hissent au rang de dieu oraculaire, et aussi certainement de dieu artiste. Il faut que le dieu de la belle apparence soit également celui de la vraie connaissance. Cependant, cette limite instable que l'image du rêve ne doit pas outrepasser, sous peine d'agir comme une pathologie, ce point où l'apparence ne fait plus seulement illusion mais devient mystification, ne doit pas manquer non plus à l'essence d'Apollon : à cette limitation pleine de mesure, à cette liberté à l'égard des émotions sauvages, à une telle sagesse et une telle sérénité du dieu plasticien. Son œil doit être d'un calme "solaire" [3] : et même lorsqu'il porte en lui la colère, qu'il est plein d'irritation mélancolique, il revêt encore le voile sacré de la belle apparence.

À l'inverse, l'art dionysiaque repose sur le jeu avec l'ivresse, avec l'extase. Ce sont principalement deux puissances actives (*Mächte* *), qui élèvent l'homme naturel naïf à l'oubli de soi dans l'ivresse : l'instinct printanier et la boisson narcotique [4]. Leurs effets sont symbolisés dans la figure de Dionysos. Par ces deux états, le *principium individuationis* éclate, le subjectif se dissipe entièrement devant la force violente et jaillissante de l'humain radical, mieux, de ce qui est universellement naturel. Les fêtes de Dionysos concluent non seulement le pacte d'homme à homme, mais encore renouent le lien de filiation entre l'homme et la nature. La terre livre spontanément ses dons, les animaux les plus sauvages s'approchent avec docilité : le char couronné de fleurs de Dionysos est tiré par des panthères et des tigres. Toutes les séparations de caste, que la nécessité et l'arbitraire avaient instaurées parmi les hommes, disparaissent : l'esclave est un homme libre, le noble et l'homme de basse naissance [5] s'unissent dans les mêmes chœurs bachiques. En foule toujours croissante, l'évangile de "l'harmonie des mondes" passe convulsivement de lieu en lieu : chantant et dansant, l'homme se manifeste comme membre d'une communauté idéalisée et supérieure : il a désappris à marcher et à parler. Plus encore : il se sent ensorcelé, il est réellement devenu autre chose. De la même façon que les animaux tiennent des discours et que la Terre donne du lait et du miel, quelque chose de surnaturel en lui donne libre cours à sa résonance. Il se sent dieu, et ce qui jusque-là ne faisait que végéter dans son imagination, il l'éprouve maintenant en lui-même. Que sont à présent pour lui images et statues ? L'homme n'est plus artiste, il est devenu œuvre d'art, il voyage, aussi extasié et anobli que les dieux qu'il voyait s'avancer en rêve. Ici se manifeste la violente force artistique de la nature, non plus celle d'un homme : une argile plus noble, un marbre plus précieux y sont modelés et dégrossis : l'homme. Cet homme, formé par l'artiste Dionysos, est à la nature ce que la statue est à l'artiste apollinien.

Mais tandis que l'ivresse est le jeu de la nature avec l'homme, l'œuvre de l'artiste dionysiaque est jeu avec l'ivresse. Cet état, si l'on n'en a pas soi-même fait l'expérience, ne se laisse concevoir que par analogie : il s'agit de quelque chose de similaire au fait de rêver et de ressentir vaguement que ce rêve est rêve. Ainsi, le dévot de Dionysos doit-il tout à la fois être sous l'emprise de l'ivresse et reposer en lui-même tel un veilleur au guet. Le type de l'artiste dionysiaque ne consiste pas dans l'alternance entre lucidité et ivresse, mais dans leur simultanéité.

Cette simultanéité marque le point culminant de l'hellénité : à l'origine, seul Apollon est un dieu de l'art hellénique, et c'est par sa puissance d'action que Dionysos, arrivant d'Asie en tempête, se vit imposer une mesure telle que le plus beau lien fraternel put se nouer entre eux deux [6]. On comprend ici avec la plus grande netteté l'incroyable idéalisme de la nature hellénique [7] : ce qui est né d'un culte de la nature, signant chez les Asiatiques [8] le déchaînement le plus brutal des instincts inférieurs, une vie bestiale panhétaïrique [9], *dynamitant* pour un temps déterminé tous les cadres sociaux [10], devint chez eux une fête pour le rachat du monde, un jour de Transfiguration. Tous les instincts sublimes de leur être se manifestèrent dans cette idéalisation de l'orgie.

Jamais pourtant l'hellénité ne courut un danger plus grand qu'à l'arrivée déferlante du nouveau dieu. Jamais plus la sagesse de l'Apollon delphique ne se montra dans une aussi belle lumière. Résistant tout d'abord, il prit son violent adversaire dans le filet le plus subtil, en sorte que celui-ci put à peine remarquer sa demi-captivité. Pendant ce temps-là, le corps sacerdotal de Delphes observait de près la profonde action du nouveau culte sur les processus de régénération sociale, avant de le corriger conformément à ses vues politiques et religieuses [11], tandis que de son côté l'artiste apollinien, armé d'une mesure réfléchie, se mettait à l'école de l'art révolutionnaire des cultes de Bacchus et par là finalement, le calendrier réglé sur l'ordre culturel delphique fut partagé entre Apollon et Dionysos, les deux divinités étant alors sorties victorieuses de la joute d'égal à égal : une fraternisation sur le champ de bataille [12]. Si l'on veut voir clairement et distinctement avec quelle violence l'élément apollinien réprima l'élément irrationnel, surnaturel de Dionysos, on doit avoir à l'esprit que dans l'âge ancien de la musique, le γένος διθυραμβικόν [13] était identique au ἡσυχασύικόν [14].

Plus puissamment s'accroissait l'esprit apollinien, et plus librement évoluait son frère divin Dionysos : au moment même où le premier aboutissait à la vision parfaite, et en quelque sorte immobile de la beauté, au temps de Phidias, l'autre déployait dans la tragédie l'énigme et l'effroi du monde, il exprimait dans la musique tragique la pensée la plus intime de la nature, la trame vivante du “vouloir” au sein et au-delà des apparences.

Si la musique est aussi un art apollinien, ce n'est précisément qu'en tant que rythme, dont la force *plastique* était déployée en vue de représenter les états apolliniens : la musique d'Apollon est une architecture sonore, et en outre composée de sons restés à l'état d'ébauche, comme c'est le propre de ceux de la cithare. Ici, ce qui justement est tenu à distance avec prudence, c'est l'élément qui détermine par-dessus tout le caractère de la musique dionysiaque, et même de toute musique, la puissance d'action bouleversante du son et l'univers absolument incomparable de l'harmonie. Pour elle, le Grec possédait le sens intime (*Empfindung* *) le plus fin, comme nous devons le déduire de la stricte caractéristique des *modes musicaux*, quand bien même aussi l'exigence d'une harmonie *accomplie*, véritablement sonore, fut chez lui beaucoup plus faible que dans le monde moderne. Dans la suite harmonique, et déjà dans son abrégé, dans ce qu'on nomme la mélodie, la "volonté" se manifeste pleinement et sans médiation, sans avoir d'abord été concentrée dans un phénomène. Chaque individu peut autant servir d'image symbolique que de cas particulier à une règle générale : à l'inverse, l'artiste dionysiaque donnera à voir l'essence immédiatement intelligible de ce qui apparaît : il commande même au chaos de la volonté, qui n'est pas devenue forme réelle, et peut, à chaque instant créateur, inventer à partir d'elle un univers nouveau, *mais aussi réinventer l'ancien*, celui que l'on connaît sous le nom de phénomène. Dans ce dernier sens, il est musicien tragique.

Dans l'ivresse dionysiaque, dans la course délirante parcourant toutes les tonalités de l'âme dues aux excitations narcotiques ou au déchaînement des instincts printaniers, la nature s'exprime dans sa force la plus haute : elle met à nouveau bout à bout les êtres isolés et se laisse éprouver comme Une ; si bien que le *principium individuationis* y apparaît comme une asthénie perpétuelle de la volonté. Plus la volonté est affaiblie, plus le tout s'émiette en éléments isolés ; plus l'individualité se révèle égoïste et arbitraire, plus est débile l'organisme qu'elle sert. Dans de tels états apparaît encore une marque sentimentale de la volonté, un "soupir de la créature" pour ce qui a été perdu [15] : de la plus profonde volupté se fait entendre le cri de l'effroi, la plainte nostalgique d'une perte irrémédiable. La nature luxuriante, au même instant, fête ses Saturnales et ses morts. Les affects de ses prêtres sont mêlés de la façon la plus extraordinaire, les souffrances suscitent du plaisir, l'allégresse arrache à la poitrine des accents tourmentés. Le dieu ὁ λύσιος [16] a délivré toutes choses autour de lui, il a tout transformé [17]. Le chant et la mimique des masses animées d'une telle effervescence, dans lesquelles la nature trouvait une voix et un mouvement, furent pour le monde grec homérique quelque chose de totalement nouveau et d'inouï ; c'était un événement oriental qu'il dut d'abord se soumettre grâce à sa formidable énergie rythmique et plastique [18], et dont il triompha, comme il le fit au même moment du style des temples égyptiens. Ce fut le peuple apollinien qui mit aux fers de la beauté l'instinct despotique : il avait su contenir l'élément le plus dangereux de la nature, plier sous son joug les bêtes les plus sauvages. On admire au plus haut point la puissance idéaliste de l'hellénité, dès lors qu'on compare la manière dont elle spiritualisa les fêtes dionysiaques avec ce que les peuples voisins avaient tiré de la même origine. De pareilles fêtes sont vieilles comme le monde, et les plus célèbres furent celles de Babylone, connues sous le nom de Sacées. Là, durant cinq jours de festivités, toutes les brides de l'État et de la société étaient lâchées ; mais l'élément central résidait dans le dérèglement sexuel, la destruction du moule familial par un hétaïrisme [19] sans frein. En contrepartie, on a les fêtes dionysiaques grecques dépeintes par Euripide dans les *Bacchantes* : d'elles s'élèvent l'érotisme et l'ivresse musicale éclairée, que Skopas et Praxitèles ont fixés dans leurs statues. Un messager rapporte qu'il est monté, accompagné de ses moutons, au sommet des montagnes, dans la chaleur de midi : c'est le moment opportun et le lieu propice pour voir ce qui ne peut être vu ; à cette heure, Pan s'est assoupi, le ciel est l'arrière-plan immobile d'une gloire, à l'heure où le jour se lève. Le messager observe trois chœurs de femmes sur un alpage, allongées en essaim, à même le sol, dans une posture pleine de décence : plusieurs se sont adossées aux troncs des pins : tout est endormi. Soudain, la mère de Penthée est saisie de soubresauts nerveux, le sommeil s'est dissipé, toutes se lèvent d'un bond, en signe de noble obéissance ; les jeunes filles, aussi bien que les femmes, laissent tomber leurs boucles sur les épaules, on réajuste la peau de chevreuil quand, durant le sommeil, les liens et les lacets s'étaient dénoués. On se ceint de serpents léchant innocemment les joues, certaines femmes prennent dans leurs bras de jeunes loups et des faons pour les allaiter. Toutes s'embellissent de couronnes de lierre et de tresses, un coup de thyrse sur la roche, et l'eau surgit, bouillonnante : un choc de canne sur le sol fait jaillir une source de vin. Du miel doux perle des branches, et quand l'une caresse à peine la terre du bout des doigts, il s'en libère un lait blanc comme neige – voici un monde totalement ensorcelé, la nature fête sa réconciliation avec l'homme. Le mythe raconte qu'Apollon aurait reconstitué Dionysos démembré. C'est l'image neuve, inventée par Apollon, d'un Dionysos sauvé de son déchirement asiatique [20].

II

IL ne faut assurément pas s'imaginer que les dieux grecs, parvenus à leur perfection comme nous les rencontrons déjà chez Homère, soient nés du besoin et de la nécessité : ces dieux ne sont certainement pas nés d'un cœur tourmenté par l'angoisse ; ce ne fut pas pour se détourner de la vie qu'une imagination géniale projeta ses propres visions dans le firmament. Des dieux s'exprime une religion de la vie, non pas l'obligation, ni l'ascèse, ni même la spiritualité. Toutes ces formes réelles exaltent du fond d'elles-mêmes le triomphe de l'existence, c'est un sentiment de vie débordant qui accompagne leur culte. Ils n'exigent rien : en eux, l'existant est divinisé, peu importe qu'il soit bon ou mauvais. Comparée au sérieux, à la sainteté et à l'austérité des autres religions, celle des Grecs court le danger d'être sous-estimée comme n'étant qu'un amusement fantaisiste – si l'on ne se représente pas un trait souvent méconnu de profonde sagesse, par lequel cet être divin épicurien apparaît subitement comme l'œuvre d'un peuple artiste incomparable, et même, à la limite, comme son œuvre suprême. C'est la philosophie du *peuple* que dévoile aux mortels le dieu sylvestre capturé : "Le mieux est de n'être pas, le second bien, de mourir tôt" [21]. C'est cette philosophie-là qu'illustre l'arrière-plan de ce monde divin. Le Grec connaissait les frayeurs et les horreurs de l'existence, mais il les voilait pour pouvoir vivre : une croix cachée sous les roses pour employer le symbole gœthéen. Cette lumineuse réalité olympienne est parvenue à la suprématie par cette seule raison que les figures brillantes de Zeus, d'Apollon, d'Hermès, etc. devaient occulter l'obscure activité de la μοῖρα [22], qui destine

Achille à une mort précoce et Œdipe à un mariage horrible [23]. Si quelqu'un avait dépouillé ce *monde intermédiaire* de son *apparence* artistique, il lui aurait fallu obéir à la sagesse du dieu sylvestre, du dévot *dionysiaque*. Voilà la *nécessité* à partir de laquelle le génie artistique de ce peuple a créé ces dieux.

Pour cela une théodicée ne fut jamais un problème hellénique : on se gardait d'imputer aux dieux l'existence (*Existenz*) du monde, et par là même de leur attribuer la responsabilité de sa constitution. Les dieux aussi sont asservis à l'ἀνάγκη [24] : aveu de la sagesse la plus rare. Voir son existence (*Dasein*) telle qu'en elle-même, dans un miroir transfigurant, et se protéger avec un tel miroir contre la Méduse – voilà quelle fut la stratégie géniale du "vouloir" hellénique, afin de pouvoir vivre par-dessus tout. Car par quel autre moyen ce peuple infiniment sensible, si brillamment capable de *souffrance*, aurait pu supporter l'existence, si cette *même* existence ne lui avait été révélée dans ses dieux, nimbée d'une gloire céleste ! Ce même instinct qui appelle l'art à la vie comme ce qui perpétue l'accroissement et l'accomplissement de l'existence, permit aussi au monde olympien de naître, un monde de la beauté, de la paix, du plaisir.

Sous l'effet d'une telle religion, la vie se laisse concevoir comme ce qui, dans le monde homérique, est en soi digne d'efforts : la vie sous les rayons du soleil hellène de pareils dieux. La *souffrance* des hommes homériques tient à l'agonie qui les fera quitter cette existence, et surtout à la mort toute proche : en général, quand résonne la complainte, c'est toujours pour "Achille l'éphémère" [25], les rapides changements de la race humaine, l'éclipse de l'âge héroïque [26]. Il n'est pas indigne des plus grands héros d'aspirer à vivre, serait-ce même en qualité de journaliers. Jamais la "volonté" ne s'est plus ouvertement exprimée que dans cette réalité hellénique, dont même la plainte est encore un chant de louanges [27]. C'est pour cela que l'homme moderne en appelle à cette époque dans laquelle il croit devoir entendre l'unisson pleinement harmonieux de la nature et de l'homme [28], c'est pour cela que l'hellénité est un mot magique pour tous ceux qui ont à chercher de brillantes représentations afin de servir leur affirmation consciente de la volonté ; et c'est pour cela enfin qu'est née, sous la main d'écrivains en quête de volupté, la notion de "légèreté grecque", au point que l'on se risque à user du mot "grec" pour excuser, voire honorer de façon insolente, une vie fainéante de débauche [29].

Dans toutes ces représentations qui s'égarent entre la plus noble et la plus commune, l'hellénité est saisie avec trop de grossièreté, trop de facilité, et en quelque sorte formée sur le modèle de nations qui, pour ainsi dire, sont nettes, comme univoques (p. ex. les Romains). On devrait cependant supposer aussi le besoin d'apparence artistique dans la vision du monde d'un peuple qui a coutume de transformer en or tout ce qu'il touche [30]. Et dans cette vision du monde, naturellement, nous rencontrons en vérité une gigantesque illusion, celle-là même dont la nature se sert si souvent pour atteindre ses fins. Le vrai but se drape dans une hallucination : nous tendons les mains vers elle, et la nature, grâce à l'illusion, atteint tout autre chose. Dans les types grecs, la volonté voulait se donner à voir elle-même, illuminée par l'œuvre d'art : pour se glorifier elle-même, ses créatures devaient en elles-mêmes s'éprouver comme dignes d'être glorifiées, elles devaient se contempler une fois de plus dans une sphère supérieure, comme magnifiées dans un idéal, sans que ce monde parfait de l'apparence ait fonction d'impératif ou de réprobation. C'est dans la sphère de la beauté qu'apparaît leur image réfléchie, les Olympiens. Par cette arme, la volonté hellénique lutta contre le talent équivalent à celui des artistes, à savoir celui pour la *souffrance* et pour la sagesse de la souffrance. De ce combat, et comme monument de sa victoire, est née la tragédie.

L'*ivresse* de la *souffrance* et le *beau rêve* ont des mondes divins différents : le premier, dans la toute-puissance de son être, pénètre dans la pensée intérieure de la nature, il reconnaît le redoutable instinct d'exister et tout autant la mort perpétuelle de tout ce qui foule le sol de l'existence ; les dieux qu'il invente sont bons et mauvais, apparentés au hasard, ils terrorisent par leur planification subitement dévoilée, sont sans pitié et ne désirent pas la beauté. Ils s'identifient à la vérité et tendent ensemble vers le concept : ils se concentrent rarement et difficilement en formes réelles. Les regarder, c'est être pétrifié : comment peut-on vivre avec eux ? Mais cela non plus on ne doit pas l'envisager : voilà leur enseignement.

Quand ce monde des dieux ne peut être complètement recouvert comme un secret répréhensible, il faut en détourner le regard et diriger ce dernier vers la naissance lumineuse du monde olympien qui l'avoisine : tout autour s'élève l'ardeur de ses couleurs, la sensualité de ses figures, d'autant plus haut que sa vérité ou son symbole a de valeur. Jamais pourtant la lutte entre vérité et beauté ne fut plus grande que lors de l'invasion du culte dionysiaque : en lui la nature s'est dévoilée et a dit son mystère avec une effroyable clarté, avec un *timbre* devant lequel l'apparence séduisante devait perdre sa puissance. Cette source a jailli d'Asie : mais en Grèce, il fallait qu'elle devînt fleuve, parce qu'elle y trouva pour la première fois ce que ne lui offrit jamais l'Asie, la sensibilité et la capacité de souffrir la plus incandescente, unie à la plus délicate sagesse et à la plus fine perspicacité. Comment Apollon a-t-il sauvé l'hellénité ? Le nouveau venu fut tiré de l'autre côté, dans le monde de la belle apparence, le monde des Olympiens : pour lui furent sacrifiés beaucoup des honneurs dus aux divinités les plus en vue, Zeus p. ex. et Apollon. On ne fit jamais tant de manières avec un étranger : mais c'était un étranger redoutable (*hostis* dans tous les sens du terme), suffisamment puissant pour réduire en poussière son temple d'adoption. Une grande révolution commença, dans toutes les manières de vivre : Dionysos s'insinua partout, même dans l'art.

La vision, la beauté, l'apparence, délimitent la sphère de l'art apollinien [31] : c'est le monde lumineux de l'œil qui, dans le rêve, lorsque les paupières sont closes, crée artistiquement. L'*épopée* veut pareillement nous amener à cet état onirique : nous ne devons rien voir les yeux ouverts, il nous faut jouir des images intérieures pour la création desquelles le rhapsode cherche à nous exciter par des concepts. Dans ce cas-là, l'effet des arts plastiques est atteint par un détour : le plasticien nous conduit à travers le marbre sculpté, jusqu'au dieu *vivant* qu'il a vu en rêve, si bien que la vague figure réelle, en tant que τέλος [32], devient lisible tant pour le plasticien que pour le spectateur, et que le premier entraîne le second à mimer son regard par la *figure intermédiaire* de la statue : de son côté, le poète épique contemple la même figure vivante, mais encore, veut inviter les autres à cette contemplation. Cependant, il n'érige plus aucune statue entre lui et les hommes : bien plus, il raconte comment de telles figures témoignent de la vie qui les anime, par le mouvement, le ton, le mot, l'action, il nous contraint à rapporter une masse d'effets à leurs causes, il nous oblige à composer artistiquement. Son but est atteint quand nous voyons clairement devant nous la figure ou le groupe, ou bien l'image, quand il nous fait partager cet état onirique dans lequel il a lui-même d'abord engendré de telles représentations. L'incitation épique à la création *plastique* démontre combien l'épopée se distingue absolument du lyrisme, ce dernier n'ayant pas pour but de former des images. Le point commun entre eux est uniquement matériel – le mot, plus généralement le concept : quand nous parlons de poésie, nous n'avons à notre disposition aucune catégorie qui serait coordonnée avec les arts de l'image et de la musique, mais une synthèse grossière de deux médiums artistiques totalement différents, l'un désignant une voie vers l'art des images, l'autre, une voie vers la musique : cependant, les deux ne sont jamais que des *voies* menant à la production artistique, ils ne sont pas eux-mêmes des arts. En ce sens, la peinture et la sculpture ne sont naturellement elles aussi que des médiums artistiques. L'art effectif est la faculté de produire des images, que ce soit une production novatrice (*Vor-schaffen*) ou imitative (*Nach-schaffen*). C'est sur cet attribut – universellement humain – que repose la signification culturelle de l'art. L'artiste – en tant qu'il contraint à l'art grâce au médium artistique – ne peut pas en même temps être l'organe digestif de l'activité artistique.

Même si le culte plastique de la *civilisation* apollinienne s'exprimait dans le temple, dans la statue ou dans l'épopée homérique, son but suprême résidait dans la recherche éthique de la mesure, dont l'évolution est parallèle à la poursuite esthétique de la beauté. En effet, la mesure, comprise comme postulat, n'est possible que lorsque la borne, la limite est *reconnaissable*. Pour pouvoir garder ses limites, on doit les connaître : d'où l'adage delphique γνῶθι σεαυτόν [33]. Mais le miroir dans lequel seul le Grec apollinien pouvait se voir, c'est-à-dire se connaître, était le monde divin olympien : il y reconnaissait son être le plus propre, mais enveloppé dans la belle apparence du rêve. La mesure, sous le joug de laquelle évoluait le nouveau monde divin (contre l'univers déchu des titans), était celle de la beauté : la limite que le Grec devait observer, celle de la belle apparence. Mieux, la plus intime finalité d'une culture tournée vers la beauté et la mesure ne peut être que la dissimulation de la vérité : le chercheur infatigable, tout à *son* service, se voyait exhorté, exactement de la même façon que le titan surpuissant, au μηδὲν ἄγαν [34] préventif. Dans la figure de Prométhée, la réalité grecque se vit montrer un exemple de l'action pernicieuse exercée par l'exigence démesurée de la connaissance humaine, sur celui qui exige comme sur ce qui est exigé. Celui qui veut faire face aux dieux avec sa sagesse, doit, comme Hésiode μέτρον ἔχειν σοφὶης [35].

C'est à l'intérieur de ce monde ainsi construit et artistement préservé que vibra la sonorité extatique des fêtes dionysiaques, au sein desquelles se manifestait toute la *démesure* de la nature, tant dans le plaisir et la douleur, que dans la connaissance. Tout ce qui jusque-là valait comme limite, détermination de la mesure, se révéla alors comme apparence artistique : la "démesure" se révéla comme vérité. Pour la première fois grondait le chant démoniaque et fascinant du peuple dans toute l'ivresse d'un sentiment surpuissant : à côté de cela, que signifiait l'artiste psalmodiant d'Apollon avec les résonances craintives et à peine marquantes de sa κιθάρα [36]. Ce qui jadis était enseigné dans les corporations poétiques et musicales, par élitisme, donc en même temps tenu à distance de toute participation profane, ce qui par la puissante force du génie apollinien devait persévérer sur la base d'une architecture toute simple, l'élément musical en repoussa les frontières : la rythmique, n'évoluant par le passé qu'en un zigzag des plus simplistes, perdit ses membres dans la danse bachique : le *son* a retenti, non plus comme autrefois, dans une évanescence spectrale, mais dans le gonflement multiplié par mille des masses, et dans l'accompagnement des instruments à vent aux tonalités plus graves [37]. Et le plus grand mystère se produisit : l'harmonie entra dans le monde, et, par ses développements, rendit immédiatement intelligible la volonté de la nature. À présent, les choses restées artistement voilées dans le monde apollinien furent portées dans le voisinage de Dionysos : tout l'éclat du monde olympien pâlit face à la sagesse de Silène. Un art qui disait la vérité dans son ivresse extatique mit en fuite les muses des arts plastiques ; dans l'oubli de soi propre aux états dionysiaques, l'individu avait péri, et avec lui, ses limites et ses mesures : un crépuscule des dieux était sur le point de se produire.

Quelle était l'intention de la volonté, qui cependant est définitivement *une*, pour autoriser l'entrée en conflit de l'élément dionysiaque avec sa propre production apollinienne ?

Il s'agissait d'une μηχανή [38] nouvelle et supérieure, celle de la naissance de la *pensée tragique*.

III

L'EXTASE de l'état dionysiaque, par sa destruction des barrières et des limites habituelles de l'existence, implique, tandis qu'il dure, un élément *léthargique* au sein duquel s'immerge tout ce qui fut vécu par le passé. C'est ainsi que, dans cet abîme de l'oubli, le monde de la réalité quotidienne se distingue de la réalité dionysiaque. Mais dès l'instant où cette réalité quotidienne revient à la conscience, on l'éprouve en tant que telle avec *dégoût* : une tonalité de l'âme (*Stimmung* *) *ascétique*, niant la volonté, est la conséquence de ces états. En pensée, on oppose l'ordre cosmique dionysiaque, comme supérieur, à un ordre vulgaire et mauvais : le Grec voulait absolument fuir le monde de la faute et du destin. C'est à peine s'il espérait un monde après la mort : son désir allait au-delà, il tendait vers les dieux, il niait ensemble l'existence et son divin miroitement, polychrome et brillant. En reprenant conscience au réveil de l'ivresse, il voit surtout ce qu'il y a d'épouvantable et d'absurde dans l'être humain : il en est dégoûté. Il comprend alors la sagesse du dieu des forêts.

On atteint alors la plus dangereuse limite que la volonté hellénique pouvait tolérer avec son principe fondamental optimiste – apollinien. Elle avait agi ici sans délai, par sa force de guérison naturelle, pour faire courber une nouvelle fois l'échine à cette tonalité négatrice : son remède fut l'œuvre d'art tragique et l'idée du tragique [39]. Son projet ne pouvait pas consister à étouffer complètement la condition dionysiaque, ni même à l'écraser : une soumission directe n'était pas possible, et quand bien même l'eût-elle été, l'affaire aurait été bien trop périlleuse : car l'élément contenu d'un côté dans son débordement, se frayait un chemin de l'autre, et s'infiltrait dans toutes les veines de la vie. Il s'agissait surtout de sublimer cette pensée dégoûtée de la terreur et de l'absurdité de l'existence, dans des représentations grâce auxquelles on se maintient en vie : ce sont le *sublime* comme maîtrise artistique de l'horrible, et le *comique*, comme déversement du dégoût de l'absurde. Ces deux éléments mêlés l'un à l'autre, sont conjugués dans une œuvre d'art qui imite l'ivresse, qui joue avec l'ivresse [40].

Le sublime et le comique font un pas au-delà du monde de la belle apparence, car dans les deux concepts est éprouvée une contradiction. D'autre part, ils ne s'unissent en aucune façon à la vérité : ce sont des voiles enveloppant la vérité, sans doute plus transparents que la beauté, mais qui restent néanmoins des voiles. Nous voyons plutôt en eux un monde intermédiaire entre beauté et vérité : dans celui-ci, une fusion de Dionysos et d'Apollon est possible. Ce monde se manifeste dans un jeu avec l'ivresse, non pas dans une immersion complète en elle. Dans la personne de l'acteur, nous reconnaissons une fois de plus l'homme dionysiaque, le poète, chanteur, danseur instinctif, mais c'est un homme dionysiaque *joué*. Il cherche à en atteindre le modèle dans l'ébranlement du sublime, ou dans la jubilation du ridicule : il s'élève au-dessus de la beauté, mais ne cherche pourtant pas la vérité. Il se tient en équilibre, à mi-chemin entre les deux. Il ne tend pas à la belle apparence, mais bien à l'apparence en tant que telle, il n'aspire pas à la vérité, mais à la *vraisemblance* (symbole, signe de la vérité). Naturellement, l'acteur n'était pas d'abord une personne isolée : il devait représenter les masses dionysiaques, le peuple : et par là, le chœur dithyrambique. Grâce au jeu avec l'ivresse, il devait également lui-même, ainsi que le chœur des spectateurs autour de lui, être déchargé de l'ivresse. Du point de vue du monde apollinien, il fallait *guérir* et *absoudre* la nature hellénique : Apollon, le dieu authentique de la santé et du salut, sauva le Grec de l'extase *clair*voyante et du dégoût de l'existence – par l'œuvre d'art de la pensée tragi-comique.

Le nouvel univers artistique, celui du sublime et du comique, de la "vraisemblance", reposait sur une vision des dieux et du monde différente de l'ancienne, celle de la belle apparence. La connaissance des angoisses et des absurdités de l'existence, de l'ordre troublé et de la planification irrationnelle, et surtout de la plus monstrueuse souffrance, omniprésente dans la nature, avait dévoilé les figures artistement cachées de la Μοῖρα et des Érynies, de Méduse et de Gorgone [41] : les dieux olympiens couraient alors le plus grand danger. Ils furent sauvés par l'œuvre d'art tragi-comique, au sein de laquelle ils se virent plongés dans l'océan du sublime et du comique : ils arrêtèrent d'être simplement "beaux", et s'assimilèrent également cet ancien ordre divin et sa noblesse. Ils se sont alors séparés en deux groupes, un petit nombre seulement flottant hors de ce couple comme des divinités tantôt sublimes, tantôt comiques. À Dionysos surtout, on attribua cette nature conflictuelle.

Les deux types à travers lesquels s'illustre le mieux la manière dont on pouvait vivre de nouveau dans la période tragique de l'hellénité, sont Eschyle et Sophocle. Le sublime apparaît le plus souvent au premier, comme penseur, dans la justice monumentale [42]. Pour lui, l'homme et le dieu demeurent au sein de la plus étroite communauté subjective : le divin juste vertueux et le *bienheureux* sont enlacés l'un l'autre pour ne faire qu'un. C'est sur cette sorte de trébuchet qu'est pesé l'individu, homme ou titan. C'est selon cette norme de justice que sont reconstruits les dieux. Ainsi, la croyance populaire en un démon aveuglant et poussant à la faute – vestige du monde divin originel renversé par les Olympiens – est corrigée, le démon devenant un instrument dans la main de Zeus punissant avec justice [43]. La pensée archaïque du même ordre – également étrangère à l'Olympien –, celle de la malédiction héréditaire, se voit débarrassée de toute amertume, parce qu'il n'y a chez Eschyle aucune *nécessité* du crime pour l'individu et que chacun peut y échapper [44].

Tandis qu'Eschyle décèle le sublime dans la sublimité de la Justice olympienne, Sophocle le découvre de façon extraordinaire – dans la sublimité du caractère impénétrable de la Justice olympienne. Il restaure en tout point la vision populaire. La gratuité [45] d'un destin effroyable lui paraissait sublime, les énigmes véritablement insolubles de l'existence humaine étaient ses muses tragiques. La souffrance gagna chez lui sa transfiguration ; elle est comprise comme quelque chose de sanctifiant. L'écart entre l'humain et le divin est incommensurable ; par là même, il convient de faire preuve de la plus profonde soumission et de résignation. La véritable vertu est la σωφροσύνη [46], en vérité, une vertu négative. L'humanité héroïque est l'humanité la plus noble, privée de cette vertu ; son destin manifeste l'abîme infini. Il n'y a qu'une *faute* minime, elle témoigne seulement d'un défaut de connaissance sur la valeur de l'homme et ses limites.

Ce point de vue est en tout état de cause plus profond et plus essentiel que celui d'Eschyle, il se rapproche significativement de la vérité dionysiaque et s'exprime sans multiplier les symboles – et malgré ça ! nous y reconnaissons le principe éthique d'Apollon, étroitement intégré à la vision dionysiaque du monde. Chez Eschyle, le dégoût se perd dans le frisson qui nous parcourt devant la sagesse de l'ordre cosmique, cet ordre que l'homme, ne serait-ce qu'à cause de son impuissance, ne parvient que difficilement à reconnaître. Chez Sophocle, ce frisson est encore plus grand, car la sagesse en question est totalement insondable. C'est la tonalité plus intense de la dévotion, qui ne connaît pas la lutte, alors que celle d'Eschyle a pour tâche constante de justifier le Droit divin, et c'est pour cela qu'elle se trouve toujours devant de nouveaux problèmes. Pour Sophocle, la "limite de l'homme" qu'Apollon exhorte à rechercher est connaissable, mais elle est plus proche et plus circonscrite qu'elle ne le fut jamais dans l'âge pré-dionysiaque d'Apollon. Le défaut de connaissance de l'homme sur lui-même constitue le problème sophocléen, le défaut de connaissance de l'homme sur les dieux est eschylien.

Dévotion, masque merveilleux de l'instinct de vie ! Abandon au monde onirique accompli, qui apportera la plus haute sagesse morale ! Fuite devant la vérité, afin de pouvoir l'adorer de loin, voilée dans les nuées ! Réconciliation avec la vérité *car* elle est énigmatique ! Renoncement à la résolution de l'énigme, car nous ne sommes pas des dieux ! Avilissement voluptueux, se prosterner dans la poussière, repos bienheureux dans le malheur ! Le suprême dessaisissement de soi de l'homme, dans sa plus haute expression ! Glorification et transfiguration des motifs de l'horreur et des terreurs de l'existence, comme moyen de sanctifier l'existence ! Vie joyeuse dans le mépris de la vie ! Triomphe de la volonté dans sa propre destruction !

À ce degré de connaissance, il ne reste plus que deux voies, celle du *saint* et celle de *l'artiste tragique* : les deux ont en commun de pouvoir survivre alors qu'ils ont la plus claire conscience de l'inanité de l'existence, et cela, sans constater aucune déchirure dans leur vision du monde. Le dégoût de survivre est éprouvé comme un motif de création, qu'elle soit sanctifiante ou artistique. Le terrible ou l'absurde anoblit parce qu'il n'est jamais terrible ou absurde *qu'en apparence*. Là, à l'apogée de cette vision du monde, la force d'envoûtement dionysiaque fait encore ses preuves : tout ce qui est réel se dilue dans l'apparence derrière laquelle se manifeste la *nature* unique du *vouloir*, qui tout entière se drape dans la gloire de la sagesse et de la vérité d'un éclat aveuglant. *L'illusion, la folie est à son apogée.*

À présent, il ne semble plus inconcevable qu'une telle volonté, qui ordonnait le monde hellénique comme monde apollinien, ait accueilli en elle-même son autre forme de manifestation, le vouloir dionysiaque. La lutte des formes de manifestation du vouloir avait à créer un but extraordinaire, *une possibilité supérieure d'existence*, et à s'approcher aussi (par le biais de l'art) d'une *glorification* encore *plus éminente* [47].

La forme de cette glorification n'était plus l'art de l'apparence, mais l'art tragique : cependant, cet art de l'apparence y est tout assimilé. Apollon et Dionysos ont fait fusion. Puisque l'élément dionysiaque s'est infiltré dans la vie apollinienne, et que de surcroît l'apparence s'y est fixée comme limite, l'art tragique-dionysiaque n'a plus valeur de "vérité". Ses chants et ses danses ne sont plus une ivresse instinctive de la nature : la masse exaltée du chœur dionysiaque n'est plus cette foule populaire en proie à la pulsion printanière. Désormais, la vérité est *symbolisée*, elle se sert de l'apparence, elle peut et doit aussi dans ce but employer les arts de l'apparence. Mais une grande différence apparaît déjà par rapport à l'art antérieur, en ceci que les médiums artistiques de l'apparence sont *tous ensemble* appelés à l'aide, pour que les statues se mettent ainsi à marcher, que les peintures des périactes se déplacent, le même décor de scène exigeant du regard qu'il soit tantôt devant un temple, tantôt devant un palais. Ainsi, constatons-nous une *certaine indiffé-*

rence vis-à-vis de l'apparence, qui doit à ce moment-là abandonner ses éternelles prérogatives et ses souveraines exigences. L'apparence n'est absolument plus perçue comme *apparence*, mais comme *symbole*, comme signe de la vérité. D'où la fusion – scandaleuse en soi – des médiums de l'art. L'emblème le plus manifeste de ce mépris de l'apparence, c'est le masque. Au spectateur est alors dictée l'exigence dionysiaque de se représenter toutes les choses sous le charme de l'ensorcellement, de ne voir jamais plus que le symbole, de considérer que le monde tout entier visible de la scène et de l'orchestre est l'*empire du miracle*. Pourtant, où est la puissance qui le transporte dans la tonalité d'une âme qui croit aux miracles, et par laquelle il voit l'ensorcellement de toutes choses ? Qui possède [48] la puissance de l'apparence et ramène sa force au rang du symbole ?

C'est la *musique*.

IV

CE que nous nommons "sentiment" (*Gefühl*), la philosophie cheminant sur les pas de

Schopenhauer nous enseigne à le concevoir comme un complexe de représentations inconscientes et de dispositions de la volonté. Néanmoins, les aspirations de la volonté se manifestent comme plaisir ou malaise, et en cela ne marquent qu'une différence quantitative. Il n'existe pas plusieurs genres de plaisir, mais des degrés et un nombre incalculable de représentations concomitantes. Sous le terme de plaisir, nous devons entendre la satisfaction de la volonté *une*, et sous celle de malaise, son insatisfaction.

Mais alors, sur quel mode le sentiment se communique-t-il ? Il peut partiellement, très partiellement même, être traduit dans la pensée, donc dans des représentations conscientes ; cela ne vaut naturellement que pour la part des représentations directrices (*begleitenden Vorstellungen*). Cependant, il reste toujours dans cette région du sentiment un résidu indissoluble. La langue, et par conséquent le concept, a affaire uniquement à ce qui est résoluble : ainsi, le domaine de la "*poésie*" se définit dans le cadre de la puissance d'expression du sentiment.

Les deux autres modes de transmission agissent de manière totalement instinctive, inconsciente, mais appropriée. Ce sont la *langue des gestes* et *celle des sons*. La langue des gestes est composée de symboles universellement intelligibles et s'engendre par des mouvements réflexes. Ces symboles sont visibles : le regard qui les voit transmet instantanément la disposition qui a fait naître le geste, et que ce dernier symbolise : le plus souvent, le voyant ressent une innervation sympathique de la même partie du visage ou du même membre dont il remarque le mouvement. Le symbole désigne ici une image reflétée (*Abbild*), tout imparfaite, morcelée, une esquisse vaguement signifiante, sur la compréhension de laquelle il faut se mettre d'accord : seulement en ce cas, la compréhension universelle est *instinctive* et n'est pas remontée à la claire conscience.

Que symbolise à présent le *geste* dans cette double nature, qu'est le sentiment ?

Manifestement, la *représentation directrice*, car elle est la seule à pouvoir être imparfaitement signifiée par le geste visible, et d'une manière fragmentaire : une image ne peut être symbolisée que par une image.

La peinture et la sculpture (*Plastik*) représentent l'homme sur le mode gestuel [49] : c'est-à-dire qu'elles imitent le symbole et ont atteint leur effet quand nous comprenons le symbole. Le plaisir de la vision consiste en la compréhension du symbole, et ce malgré sa nature apparente.

En revanche, l'acteur transpose le symbole dans la réalité, et pas uniquement dans l'apparence : mais son effet sur nous ne repose pas sur la compréhension de ce symbole : bien plutôt, nous nous plongeons dans le sentiment symbolisé sans demeurer figés dans la jouissance de l'apparence, de la belle apparence.

Dans le drame donc, la décoration ne suscite justement pas le plaisir de l'apparence, mais nous appréhendons celle-ci comme symbole, et comprenons la réalité qu'elle signifie. Les poupées de cire et les plantes vivantes sont pour nous pleinement admises à côté de peintures les reproduisant, comme preuves qu'ici, nous nous représentons la réalité et non l'apparence pleine d'artifices. Ici, la tâche n'est plus la beauté, mais la vraisemblance.

Du reste, qu'est-ce que la beauté ? – "La rose est belle" veut simplement dire : la rose a une belle apparence, elle possède quelque chose d'agréablement lumineux. Sur son être, on ne doit rien dire. Elle plaît en tant qu'apparence, elle suscite le plaisir : c'est-à-dire que le vouloir est satisfait par son apparence, et que la joie d'exister s'en trouve renforcée. Elle est – en vertu de son apparence – un reflet fidèle de sa propre volonté : quelque chose d'identique à cette forme [50] : elle exprime par son apparence la définition de l'espèce. Plus elle agit en ce sens, plus elle est belle : quand d'après son être, elle exprime cette définition, alors elle est dite "bonne".

"Une belle peinture" signifie seulement : la représentation que nous avons ici d'une peinture est adéquate : mais quand nous disons d'une peinture qu'elle est "bonne", nous signifions par là que notre représentation d'une peinture donnée exprime l'*essence* de toute peinture. Cependant, une peinture est envisagée le plus souvent sous l'angle de la belle peinture, celle qui représente quelque chose de Beau : voilà l'opinion des profanes [51]. Ceux-là tirent leur plaisir de la beauté matérielle ; c'est *ainsi* que nous devons jouir des arts plastiques dans le drame, bien qu'en ce cas, la tâche ne puisse être seulement de représenter le beau : il suffit que cela paraisse *vrai*. L'objet représenté doit être façonné de manière à être le plus sensible et le plus vivant possible ; il doit agir comme vérité :

les œuvres de la belle apparence réclament l'exigence *opposée*.

Mais si le geste symbolise les représentations qui accompagnent le sentiment, par quel symbole les mouvements de la *volonté* elle-même seront-ils *transmis* à notre entendement ? Quel est ici le médium instinctif ?

Le *médium* du *son*. Ce sont plus précisément les différentes sortes de plaisir et de malaise – sans aucune des représentations concomitantes – que symbolise le son.

Tout ce que nous pouvons dire pour définir les différentes impressions de malaise, ce sont ces images provenant des représentations devenues claires grâce à la symbolique des gestes : p. ex. lorsque nous parlons de la frayeur soudaine, des "coups, tiraillements, élancements, piqûres, entailles, morsures, irritations" de la douleur. Par ce biais, ce sont certaines "formes intermittentes" de la volonté qui paraissent s'exprimer, en somme – dans la symbolique du langage sonore –, la *rythmique*. Dans la *dynamique* du son, nous reconnaissons de nouveau la profusion des intensités de la volonté, la quantité changeante de plaisir et de malaise. Mais son être réel est contenu dans l'harmonie, il ne se laisse pas exprimer par métaphore. La volonté et son symbole – l'harmonie –, toutes deux, fondamentalement, de la *logique pure* ! Tandis que la rythmique et la dynamique sont encore en quelque sorte les versants extérieurs de la volonté, habituellement révélée dans le symbole, et qu'elles portent encore quasiment en elles-mêmes le caractère de l'apparence, l'harmonie, elle, est le symbole de l'essence pure de la volonté. Dans la rythmique et la dynamique, le phénomène isolé doit par conséquent encore être caractérisé comme phénomène, *de ce point de vue la musique peut être développée comme un art de l'apparence.* Le résidu qui ne se soumet pas à l'analyse, l'harmonie, parle de la volonté à l'extérieur et à l'intérieur de toutes les formes phénoménales, et n'est pas seulement une *symbolique* du sentiment, mais une symbolique du *monde*. Dans *sa* sphère, le concept est totalement impuissant.

Nous comprenons maintenant la signification de la langue des gestes et du langage des sons pour l'*œuvre dionysiaque*. Dans le dithyrambe de printemps originellement chanté par le peuple, l'homme ne veut pas s'exprimer [52] comme individu, mais comme *homme de son espèce*. Qu'il cesse d'être un homme individuel, la symbolique de l'œil, la langue des gestes l'expriment, au point qu'il se met lui-même à parler par gestes, tel un *satyre*, tel un être de la nature parmi les êtres de la nature, mieux, à parler le langage évolué des gestes, par les gestes de la danse. Mais à travers le son, il exprime la pensée la plus profonde de la nature : ce n'est plus, comme dans le *geste*, le génie de l'espèce qui se fait immédiatement comprendre, mais le génie de l'existence en-soi, la volonté. Avec le geste, il reste à l'intérieur des limites de l'espèce, c'est-à-dire dans celles du monde de l'apparence, tandis qu'avec le son, il fait en quelque sorte se dissoudre également le monde de l'apparence dans son unité originelle et s'évanouir le monde de la Maïa devant sa magie.

Du reste, quand est-ce que l'homme naturel en vient à la symbolique du son ? À quel moment la langue des gestes ne suffit-elle plus ? Quand le son devient-il musique ? Par-dessus tout, dans les états d'extrême plaisir et d'extrême malaise de la volonté, c'est-à-dire de la volonté qui jubile ou qui angoisse à en mourir, bref, dans l'*ivresse du sentiment* : dans le *cri*. Combien plus puissant et plus immédiat est le cri, comparé au regard ! Mais même les intensités plus douces de la volonté ont leur symbolique sonore : en général, un son correspond à chaque geste :

seule l'ivresse du sentiment parvient à l'élever jusqu'à la pure sonorité.

Ce que l'on nomme *parole* est la fusion la plus intime et la plus fréquente d'un certain type de symbolique des gestes avec le son. Dans le mot, l'essence de la chose est symbolisée par le son et son timbre, par le rythme de son retentissement, tandis que la représentation concomitante, l'image, le phénomène, l'est par les mimiques de la bouche. Les symboles peuvent et doivent nécessairement être de toutes sortes ; mais ils croissent instinctivement, selon une grande et sage régularité. Un symbole identifié est un *concept* : et comme lors de sa rétention dans la mémoire, le son s'évanouit complètement, seul le symbole de la représentation concomitante est conservé dans le concept. Ce qu'on peut désigner et distinguer, on le "conçoit".

Par l'intensification du sentiment, l'essence du mot se manifeste plus clairement et plus sensiblement dans le symbole du son : par là même il résonne davantage. La parole chantée est d'une certaine manière un retour à la nature : le symbole affaibli par l'usage retrouve de nouveau sa force originelle.

Dans la succession des mots, par conséquent à travers une suite de symboles, quelque chose de nouveau et de supérieur est déployé de façon symbolique : à ce degré de puissance, la rythmique, la dynamique et l'harmonie redeviennent nécessaires. Ce cercle supérieur domine à présent celui plus étroit du mot isolé : un choix et une nouvelle disposition des mots sont requis, la poésie commence. La déclamation d'une phrase n'a rien d'une succession de sonorités verbales : parce qu'un mot n'a de sonorité que toute relative, et que son être, son contenu représenté dans le symbole, change selon sa position. En d'autres termes, hors de l'unité supérieure de la phrase et de l'être qu'elle symbolise, le symbole verbal isolé voit sa définition perpétuellement renouvelée [53]. Une suite de concepts est une pensée : celle-ci est en effet l'unité supérieure des représentations concomitantes. L'essence de la chose ne peut pas être atteinte par la pensée : mais que cette dernière agisse sur nous comme un élément moteur, une stimulation de la volonté, cela s'explique par le fait que la pensée du symbole a déjà été identifiée comme un phénomène de la volonté, comme un mouvement et une apparition de la volonté. Mais déclamée, c'est-à-dire accompagnée de la symbolique sonore, la pensée agit incomparablement avec plus de puissance et plus directement. Chantée – elle atteint le point culminant de son action quand le *mélos* est le symbole intelligible de sa volonté : si ce n'est pas le cas, la suite de sons agit sur nous, et la suite des mots, la pensée, nous est lointaine et indifférente [54]. Donc selon que le mot doit agir généralement en qualité de symbole de la représentation directrice, ou en tant que symbole du mouvement originel de la volonté, selon que l'image ou le sentiment doit être symbolisé, deux chemins s'ouvrent à la poésie : l'épopée et le lyrisme. Le premier mène aux arts plastiques, l'autre, à la musique : le plaisir de l'apparence domine l'épopée, la volonté se manifeste dans le lyrisme. Celui-là se sépare de la musique, celle-ci y reste liée.

Mais dans le dithyrambe dionysiaque, l'exalté de Dionysos est élevé au plus haut degré de ses facultés symboliques : quelque chose qui n'a jamais été éprouvé se presse vers l'extérieur, l'annihilation de l'individuation, l'union dans le génie de l'espèce, et même dans la nature. À présent, l'être de la nature doit s'exprimer : un monde nouveau de symboles est nécessaire, les représentations directrices apparaissent dans l'image d'une nature humaine élevée au statut de symbole, elles sont déployées avec la plus grande énergie physique, par les gestes de la danse. Du reste, le monde de la volonté exige aussi une traduction symbolique inouïe, les forces sauvages de l'harmonie, de la dynamique, de la rythmique s'accroissent soudain violemment. Écartelée entre deux mondes, la poésie gagne une nouvelle sphère : la sensualité de l'image en quelque sorte, comme dans l'épopée, et l'ivresse sentimentale du son, comme dans le lyrisme. Pour comprendre ce déchaînement total de l'ensemble des forces symboliques, il faut la même intensité d'être que celle qui l'a provoqué : le dévot dithyrambique de Dionysos n'est entendu que par ses égaux. C'est pour cette raison que ce monde artistique entièrement nouveau, dans son miracle étrange et fascinant, se lance à travers l'hellénité apollinienne pour de terribles *combats*.

GLOSSAIRE CRITIQUE

*GESTALT : La traduction de *Gestalt* pose deux problèmes : 1) le mot, par son histoire *linguistique*, renvoie au vocabulaire des artisans du feu et du fer : *gestalten*, évoque le *Stahl*, le fer forgé, l'acier. Par extension, le verbe *stählen* (aciérer, tremper) signifie aussi *endurcir*. Mais la racine *Sta-* est aussi celle de *Stall* : l'écurie, le clapier, la porcherie, le bûcher (*Holzstall*), en somme, tout ce qui, d'une manière ou d'une autre, est lieu d'accumulation. De même encore, l'adjectif *stolz* signifie fier, orgueilleux, droit, dressé. La racine sert donc à l'origine à signifier l'idée de *fixation*. 2) Cependant, la philosophie du XXe siècle donne à la *Gestalt* un sens tout autre, qui, en vertu de son origine sémantique, n'en devient que plus problématique. Pour la psychologie, elle n'est jamais que le résultat d'une perception dont le processus reste à explorer. En tous les cas, la *Gestalt* est un concept propre à la philosophie de la connaissance et à la science. Or ici, Nietzsche n'emploie pas le terme en connaissance de cause. Il lit peu les textes de Kant, quoiqu'il ait rédigé, fin avril 1868, une dissertation sur la base de la *Critique du jugement*. Mais il ne se familiarise avec la *Critique de la raison pure* qu'à travers des lectures de seconde main, et particulièrement un écrit de Kuno Fischer – dont il lira par ailleurs le *Spinoza* en 1881 – et une étude de Friedrich A. Lange – qu'il a lue fin août 1866. Par conséquent, je traduis ici *Gestalt* en tenant compte de son premier sens : une *forme réelle* (de *res* : “chosique”).

*GEWALT : *Gewalt* est la force coercitive, répressive et violente, qui désigne aussi bien les manières d’agir d’un gouvernement tyrannique que les mouvements de la foule ou celui des passions.

*MACHT : *Macht* (puissance active) se distingue de *Kraft* (force ou énergie) et de la *Gewalt* (force violente). Nietzsche emploie les trois termes pour distinguer trois dimensions des effets de la musique et du symbole. La *Macht* est de l’ordre de la création, plus littéralement, du “faire” (le verbe *machen* signifie *faire, actionner,* voire *fabriquer*). La *Macht* est donc la force engagée dans un acte de création, la *puissance de l’acte*. Dans le sens où elle est une *puissance engagée* dans l’activité créatrice, elle est *active*. Les Grecs possédaient deux termes pour désigner les deux états de la puissance : 1) *l’énérgèia,* ou la *possibilité* mise *en œuvre* pour atteindre un but (de *érgon* : l’œuvre de l’artisan), et qui, si elle y parvient, donne naissance à l’*entéléchie* (de *télos*, le but, qu’Aristote, par un subtil jeu de mot, décompose en *énérgèia* et *télos*) ; 2) la *dynamis,* ou la *puissance possible*. Cette puissance n’est pas encore active, puisqu’elle n’est encore qu’un élément inscrit dans le processus *pensé* de la création. Intégrer le possible au projet de création, voilà le rôle de la *dynamis,* que l’on pourrait traduire en Allemand par *Möglichkeit*.

*STIMMUNG : Dans un texte des années 1860 – *Über Stimmungen*, BAW II, 406-408 –, Nietzsche donne sa propre conception : "*Kampf ist der Seele fortwährende Nahrung, und sie weiß sich aus ihm noch genug Süßes und Schönes herauszunehmen.* [...] *wohl aber ist es wahr, daß jede dieser ähnliche<n> Stimmunge<n> für mich eine<n> Fortschritt bedeutet, und daß es dem Geist unerträglich ist, dieselbe<n> Stufen, die er durchschritt, noch einmal zu durchschreiten ; immer mehr in Tiefe und Höhe will er sich breiten.*" – "*Le conflit est la nourriture impérissable de l'âme, mais elle sait tirer de lui encore suffisamment de douceur et de beauté.* [...] *pourtant, il est vrai aussi que chacune de ces mêmes* Stimmungen *signifie pour moi un progrès, et qu'il est insupportable pour l'esprit de gravir une nouvelle fois les échelons qu'il a déjà dépassés ; l'esprit veut toujours s'étendre davantage en profondeur et s'élever vers les hauteurs.*" La *Stimmung* a, comme toujours, un sens très subjectif. Elle signifie pour ainsi dire l'*état d'âme*, l'*humeur*, l'état *affectif*. C'est donc le cadre dans lequel est employé ce terme qui détermine son sens. À la traduction conventionnelle de *Stimmung* par "*disposition*" (J.-L. Backès), je préfère, compte tenu du contexte, celle de "*tonalité* (*de l'âme*)". Car il faut noter que la *Stimmung* a pour racine principale : *Stimme*, la *voix*, le timbre, l'acoustique de la voix. On ne doit cependant pas oublier que Nietzsche avait conscience d'utiliser ce terme dans le sens où Novalis l'entend dans plusieurs de ses fragments. La définition de cette "*tonalité* (*de l'âme*)" peut par conséquent être déduite de l'alliance de deux acceptions : un *mélange harmonique, ordonné, vivant,* qui détermine aussi bien la constitution organique de l'individu que celle du monde. Tout vibre, tout est musique (voyez le fragment de Novalis datant de 1798, relatif aux *Stimmungen* et aux *Empfindungen*). Ainsi, Nietzsche entend par *Stimmung* : la *tonalité, le timbre du chant disposant l'âme à percevoir le monde de façon dionysiaque.* Notons que la même ambiguïté se rencontre à propos de l'*Empfindung*, terme qui, passé dans la langue de l'esthétique hégélienne, a perdu pour Nietzsche sa première signification (*sentiment dévoilé en nous par le jeu d'une impression*), pour acquérir le sens d'une *impression esthétique* (*sentiment de la beauté, qui révèle à celui qui contemple la trame secrète de la volonté*).

NOTES DU TRADUCTEUR

1. *Bildenden Kunst* : littéralement, l'art "imageant".

2. *Durchschimmernde Empfindung* : le *sentiment éprouvé transparaissant* à travers le théâtre du rêve. L'état de la *Traumwirklichkeit*, c'est-à-dire d'un temps où le monde est perçu à travers les voiles *lumineux* du rêve – qui, dans l'ivresse, sont *opaques* – n'efface pas de la conscience l'intuition que l'on a affaire à de l'illusion. Il faut bien s'attendre à ce que le rêve disparaisse, à ce que nous nous retrouvions face à la réalité nue.

3. "*Sonnenhaft*", cf. Goethe, *Zahme Xenien*, III.

4. Var. : "*Ce sont principalement deux puissances actives, qui élèvent l'homme naturel naïf à l'oubli de soi dans l'ivresse, l'instinct printanier, le "allons-y !" de la nature, et la boisson narcotique.*" (*Naissance de la pensée tragique* – abrégée en GTG)

5. Var. : "*l'aristocrate et l'homme de basse naissance*" (GTG)

6. Var. : "(…) *peut se nouer entre eux – cette proximité justement peut se nouer entre eux.*" (GTG)

7. Var. : "*le merveilleux idéalisme de l'être hellénique ;* (…)" (GTG)

8. Mss. : "*aus einem Naturkult,* der bei den Asiaten *die roheste Entfesselung der niederen Triebe bedeutet…*" *C'est chez les Asiatiques,* chez les Orientaux, que le culte s'est développé comme débauche absolue, et qu'il fut pour cela frappé d'interdiction. Il a donc été rejeté par les Asiatiques.

Poussés à fuir, les dévots de Dionysos ont dû s'installer dans les différents pays traversés, et forcer l'hospitalité de leurs hôtes. La Grèce fut finalement séduite, et Dionysos intégré à son Panthéon. Le dionysisme, même s'il est né en Asie, n'est pas un culte asiatique. Son étrangeté pour les Orientaux le consacra premier culte cosmopolite, ou culte de la nature.

9. Panhétaïrique : prostitution universelle.

10. Var. : "*une vie bestiale panhétaïrique qui, pour un temps déterminé, saute par-dessus toutes les barrières de l'humain,* (...)" (GTG)

11. Var. : "*puis le corrigea conformément à son intelligence politique et religieuse,* (...)" (GTG)

12. Var. : "*les deux divinités étant alors sorties victorieuses de la joute, mais aussi vaincues, sur un pied d'égalité, en ayant soudé leur fraternité sur le champ de bataille.*" (GTG)

13. Le genre dithyrambique.

14. J.-L. Backès lit ἡσυχαστικόν (*Écrits posthumes* 1870-1873, Gallimard). Le texte allemand rend : ἡσυχασίικόν (le plus calme). Var. : "*on doit tenir pour preuve que, dans la période musicale antérieure qui possédait son genre dominant, le genre calme – qualifié aussi de "dithyrambique" – le dithyrambe dionysiaque, dans ses premières imitations faites à partir de l'art, restait fidèle à son archétype, l'hymne à la joie des masses dionysiaques, de la même façon que les images des dieux de l'ancien art grec, massives et égyptianisantes, restaient attachées au monde divin olympien que l'on contemplait dans l'épopée homérique.*" (GTG)

15. Var. : "*Dans de tels états apparaît encore une marque sentimentale de la volonté, elle vient à prendre conscience de son déchirement et soupire pour ce qui a été perdu.*" (GTG)

16. Le libérateur.

17. Var. : "*Le dieu, 'le libérateur' a délivré toutes choses autour de lui, il a tout transformé.*" (GTG)

18. Var. : "(*Les Grecs*) *y reconnurent avec un frisson l'Oriental, qu'ils devaient d'abord se soumettre à l'aide de leur formidable énergie rythmique et plastique.*" (GTG)

19. *Hetärenthum.*

20. Var., citation des *Bacchantes*, v. 692 à 713 : "Débarrassant promptement leurs paupières du sommeil profond, / Vieilles filles encore vierges, jeunes filles et femmes âgées, / D'abord ont laissé tomber leurs cheveux sur les épaules, / Ont réajusté la peau de chevreuil aux lacets dénoués, / Ont ceint la peau tachetée à l'aide de serpents, / Léchant familièrement les joues. / Puis dans leurs bras, ont pris des faons et de jeunes loups / Et celles qui, avant l'heure, avaient laissé leur nourrisson / Ont offert à ces bêtes le lait blanc de leurs poitrines gonflées. / Des couronnes de lierre avaient été posées sur les têtes, / Des rameaux de chêne, des feuilles de vignes chargées de fleurs, / Puis l'une s'empara du thyrse, frappa le rocher / Duquel jaillit une fontaine d'eau bouillonnante, / L'autre tapa le sol avec la crosse de bois / Et le dieu d'en haut lui accorda une source de vin. / Celle pourtant qui désirait la boisson blanche comme la neige / N'avait qu'à caresser le sol du bout des doigts, / Et buvait le lait filtrant à la

surface ; un miel doux, sirupeux, / Sourdrait du thyrse et des branches de lierre, tellement / Que toi sûrement, si tu avais été le témoin de cela, / Tu aurais pieusement honoré le dieu. – / *Voici un monde totalement ensorcelé, la nature fête sa réconciliation avec l'homme. Le mythe raconte qu'Apollon aurait reconstitué Dionysos démembré. C'est l'image neuve, inventée par Apollon, d'un Dionysos sauvé de sa lacération asiatique.*" (GTG)

21. Var. : "*La parole que Midas aspirait à connaître de la bouche de Silène, le compagnon de Dionysos, et qui disait ce qui est certainement le meilleur pour l'homme, ce qui, à côté de toute chose, est le plus insigne, pénétra le peuple après que le roi eut longtemps pourchassé et finalement capturé celui-ci. D'abord – nous raconte Aristote –, Silène n'aurait justement pas voulu parler ; torturé de toutes les manières possibles, ces mots lui vinrent à la bouche enrobés d'un sourire mielleux : 'Misérable engeance éphémère vouée à la peine et au besoin, que me faites-vous violence, et qui plus est, afin de vous dire ce que, pour votre salut, vous ne devriez jamais entendre. L'ignorance de la misère essentielle laisse votre vie s'écouler dans de moindres souffrances. Une fois qu'on est un homme, on ne peut de toute façon pas devenir le plus excellent des êtres, ni justement prendre part au plus grand bien. Alors, le Meilleur pour vous tous réunis, hommes et femmes, serait précisément de ne pas être nés. Cependant, le deuxième bien suprême – et bien que vous fussiez nés, serait de mourir le plus tôt possible…'* " (GTG)

22. La destinée.

23. Var. : "*Cette lumineuse réalité olympienne n'est parvenue à la suprématie que parce que les figures brillantes de Zeus, d'Apollon, d'Athéna, etc. devaient occulter l'obscure activité d'un monde divin antérieur totalement terrorisant, celui qui destine Achille à une mort précoce et Œdipe à un mariage horrible.*" (GTG)

24. Nécessité.

25. Var. : "*Achille à la vie brève*" (GTG)

26. Var. : "*le déclin de l'âge héroïque*" (GTG)

27. Var. : "*Jamais la volonté n'a plus ouvertement exprimé sa soif inextinguible de telles louanges à l'existence* (…)" (GTG)

28. Var. : "*il s'imagine, à tort, devoir entendre l'unisson pleinement harmonieux de la nature et de l'homme* (…)" (GTG)

29. "*et c'est pour cela enfin* (…) *une vie fainéante de débauche.*" Passage absent de GTG).

30. Var. : "(…) *de transformer en œuvre d'art tout ce qu'il touche.*" (GTG)

31. Var. : "*L'apparence délimite la sphère de l'art apollinien :* (…)" (GTG)

32. Var. : "*en tant que but*" (GTG)

33. Var. : "(…) *d'où l'adage delphique des origines :* 'Connais-toi toi-même'" (GTG)

34. "*Rien de trop*".

35. "*Avoir la mesure de sa sagesse*".

36. Cithare.

37. Var. : "(…) *des instruments à vent aux tonalités plus pleines.*" (GTG)

38. Un processus, une machination.

39. Var. : "*son remède est l'œuvre d'art tragique et la pensée tragique.*" (GTG)

40. Var. : "*Ces deux éléments mêlés l'un à l'autre, sont conjugués dans une œuvre d'art, qui brise l'état dionysiaque dans lequel elle l'avait auparavant imité artistiquement.*" (GTG)

41. Var. : "(...) *avait dévoilé les figures artistement cachées des Erynies, de Méduse et de la* Μοῖρα *:* (...)" (GTG)

42. On pense d'emblée ici à la δίκη d'Héraclite.

43. Var. : "(...) *Zeus œuvrant avec justice.*" (GTG)

44. Var. : "(...) *chacun peut fuir la malédiction.*" (GTG)

45. L'adjectif qualifie quelque chose d'immérité.

46. La mesure.

47. Fin de GTG).

48. "*Wer besitzt die Macht des Scheins...*".

49. "*Die Malerei und Plastik stellen den Menschen in* der *Geberde dar*". "*Der*" est un datif.

50. "*Sie ist – ihrem Scheine nach – ein treues Abbild ihres Willens : was identisch ist mit dieser Form...*". (Backès : "*Elle est – selon son apparence – une fidèle image de sa volonté, qui est identique à cette forme...*") On constate que dans l'édition des *Œuvres complètes* chez Gallimard, l'ablation arbitraire des ":" modifie – voire rend obscure – le sens du propos de Nietzsche. Car, "*was*" a ici le sens de "*etwas*", d'un "quelque chose" dont la nature nous échappe encore : la "*Form*" ne désigne pas le "*Abbild*" (l'image-reflet), mais la *volonté*. La volonté est une forme – disons même la "*forme en soi*", le *noumène* kantien, opposé au *phénomène*, distinction que Schopenhauer

a reprise dans son propre système pour faire jouer ses concepts de *Wille* (la volonté, la *forme* fondamentale de l'être) et de *Vorstellung* (la représentation, la manifestation esthétique, l'*apparence* de cette forme).

51. "*das etwas Schönes darstellt : es ist das Urtheil der Laien.*" Ici, Nietzsche entend par profanes tous ceux qui considèrent que la beauté artistique dépend d'une forme (matérielle ou abstraite). L'idée platonicienne de Beau a le même statut ; car si, pour le spectateur, l'art doit provenir d'autre chose que de la puissance de produire des images, c'est qu'il refuse son Mystère. L'initiation à l'art, celle qui fait pénétrer le spectateur dans la dimension sacrée de la représentation symbolique – celle qui se conforme à l'intuition de la volonté dans la nature –, fait accéder le voyant à la compréhension immédiate et universelle de l'imagination, et par suite, de la conscience et des concepts. Mais cette intuition n'est ni conceptuelle, ni consciente, mais *sentimentale.* C'est pour cette raison qu'elle ne produit pas de *concepts*, mais des *Stimmungen,* et que son action sur nous n'est pas de l'ordre du *penser*, mais de l'*empfinden.*

52. L'édition Gallimard a manifestement occulté cette dimension du "vouloir", qui est pourtant explicite dans le texte original : "*Im ürwuschsigen Frühlingsdithyrambus des Volkes* will *sich der Mensch nicht als Individuum, sondern als Gattungsmensch aussprechen.*"

53. Mss. : "*Aus der höheren Einheit des Satzes und des durch ihn symbolisirten Wesens wird das Einzelsymbol des Wortes fortwährend neu bestimmt.*"

54. Je n'ai pas conservé la césure de la traduction Gallimard, qui ajoute un point virgule dans la phrase pour distinguer le sens de la "suite de mots" et de la "pensée". Pour Nietzsche, manifestement, les deux sont équivalents dans ce contexte. La "suite des mots" représente une symbolique gestuelle et sonore, déjà traitée par la conscience, conceptualisée, donc "pensée". La pensée occulte le son du mot, pour ne garder que son sens. Cela n'empêche pourtant pas que l'on tienne pour deux sphères distinctes celle du son pur, et celle du son accompagné de sens, la pensée étant rattachée à ce dernier. Il ne faut donc pas distinguer – sur le plan du contenu signifiant – la "pensée" des "mots".

TABLE

ACHEVÉ D'IMPRIMER
DANS L'UNION EUROPÉENNE
POUR LE COMPTE DES ÉDITIONS ALLIA
EN DÉCEMBRE 2017

ISBN : 979-10-304-0111-0
DÉPÔT LÉGAL : MARS 2016

1re ÉDITION : AOÛT 2004
7e ÉDITION : DÉCEMBRE 2017